ざる

ボウル
大小あるといい

スプーン

フォーク

おわん

しゃもじ

マグカップ

ミキサー

はじめてのキッチン 小林ケンタロウ

撮影:澤井秀夫

文化出版局

目次

はじめに 4

6 ゆで卵 ゆでる時間で、いろんな味になる
ゆで卵の作り方 9 　卵グラタン 10
ゆで卵ご飯 11 　卵サンド 12

14 目玉焼き 卵を割るのは最高
目玉焼きの作り方 17
チーズスクランブルエッグ 18
スペインオムレツ 20

22 サラダ 野菜の元気
キャベツサラダ 24
ドレッシング　フレンチドレッシング／
イタリアンドレッシング／中華風ドレッシング／
和風ドレッシング／マヨネーズドレッシング 26
トマトサラダ 28 　レタスサラダ 29
とうふサラダ 30 　にんじんサラダ 31

34 ハンバーグ ハンバーグは手で混ぜる
ハンバーグの作り方 36
ミートボールペンネ 38

44 サンドイッチ サンドイッチとバター
サンドイッチの作り方 46
ハムサンド／えびマヨサンド／コロッケサンド 47
ツナサンド／のりチーズサンド／
アボカドベーコンサンド 48
いちごジャムサンド／フルーツサンド／
あんこバターサンド 49
トースト　ピザトースト／
なすクリームチーズトースト 50
バナナピーナッツバタートースト／ミルクトースト 51

54 ぶんまわしおにぎり
ぶるんぶるんぶんまわせ
ぶんまわしおにぎりの作り方 56
おにぎりの具 57 　焼きおにぎり 58
わかめしらすおにぎり 59

62 カレー いよいよ、カレーに挑戦
チキンカレーの作り方　64
カレーのトッピング　66　　ラッシー　66

68 おやつ 笑って作って、笑って食べる
あずき白玉　69　　フルーツポンチ　70
三つのだんご　71
ゼリー　オレンジゼリー　72
りんごゼリー／牛乳ゼリー　73

76 ピザ 小麦粉をこねる
ミックスピザの作り方　78
チーズだけのピザ　80　　甘いピザ　81

82 つまみ つまみはうれしい
タラモ／アスパラベーコン　84
ゆでぶた／しいたけのマヨ焼き　85
バターコーン／トマトとチーズのサラダ　86
手羽先焼き／ほうれん草のナムル　87

88 飲みもの ミキサーを使って
バナナジュース／いちごスムージー　88
チョコシェイク／ミックスジュース　89

90 料理を始める前に

[コラム]
きゅうりをたたけ　32
玉ねぎのみじん切り　40
粉ふきいも　42
ホットドッグ　52
ホットサンド　53
みそ汁　60
コーンスープ　67
ホットケーキ　74

●この本で使っている単位は、1カップ＝200mℓ、大さじ1＝15mℓ、小さじ1＝5mℓ。1mℓは1ccです。

はじめに

　この本は、料理は小さいころから学んだほうがいいとか、食には小さいころからふれたほうがいいとか、まして、小さい子に無理に料理をさせようという本ではけしてありません。

　別におとなになってからだって料理はじゅうぶん学ぶことができるし、だいたい、そもそも、だれもが料理ができるようにならなきゃいけないわけじゃないので、おとなになってなお料理ができなくたって、ぜんぜんかまわないとも思います。そうなるとますますこの本は、子どもの時から料理を学んでもらおうとか、料理から何かを学んでもらおうという本ではないのです。

　この本は、もし、まだ子どものあなたや、もうすっかりおとなのあなたや、あなたの子どもや、あなたの近くの子どもが、何かを作ってみたいと思ったときに、どうやって作るんだろうとハテナが顔にびっちり並んだときに、何かを教えられるかもしれない、そういう本です。

　だからむずかしい勉強が始まるわけでも、学校で習うようなありがたいことがたくさん書いてあるわけでもなんでもありません。

　ぼくは小さいころから料理をしていたし、それが今の自分に役立っていることはまちがいないけれど、子どもには料理以外にもやることがたくさんあって、サッカーの練習もしなくちゃいけないし、絵もかかなくちゃいけないし、テレビも見なくちゃいけないし、友達に手紙も書かなくちゃいけないのに、その時間をつかって、お米をといだり、ハンバーグをこねたりするのは、うれしくないと思ったこともしょっちゅうありました。

　だから、そういう子どもがやらなきゃならない大事なことの時間をけずって、それでもなお、料理をしたほうがいいかは、ぼくにはなんともいえません。

　ただ、自分が食べるものを自分で作れるのは、とてもとても最高に最高にうれしいことです。それだけはまちがいありません。

自分で切った野菜が食卓に出ているだけで、その日の晩ごはんはうれしくなります。
　自分でゆでたゆで卵は、なんだかいつもよりもおいしいし、もしそれをだれかが「おいしい」と言ってくれたときには、ほんとうに最高の気分になります。
　それは小さいころも今もまったく変わっていません。
　だから、もし料理がしてみたいと思ったら、それはもうぜったいにすぐにしてみることをおすすめします。
　ちゃんと読んでちゃんと作れば、必ずおいしくできるはずです。
　おいしいものを作れるということは、おいしいものを食べられるということで、それ以上の幸せはちょっとありません。
　その幸せは、特別に練習しなくても、今日からでもすぐに味わうことができるし、もっと慣れていけば、もっともっと幸せになれることもまちがいありません。

　ただ、ひとつだけ。料理にはあぶないこともあるので、包丁や火は、ぜったいに子どもだけでは使わないようにしてください。つまらないおとなは必ずそういうことを言うと思われるかもしれないけれど、つまらなくないおとなだってそう言います。せっかく幸せのための料理なのに、幸せじゃないことが起こるかもしれないからです。いいですか。手も洗いましたか。
　では、キッチンへようこそ。
　おいしいものが食べたくて、おいしいものを作りたい気持ちがあれば、いつでも、どんな人でも、キッチンは大かんげいです。

ゆで卵

ゆでる時間で、いろんな味になる

　だれにでもすぐに必ず作れるから、はじめての料理にゆで卵はぴったり。でも、ほんとうにだれにでもすぐに必ず作れるし、ぴったりだけれど、だからこそ、ちゃんと作る。ちゃんと作るとちゃんと黄身が好みのやわらかさになって、ちゃんとおいしくなる。

　だからまず、ゆで卵を作るときは、必ずタイマーをセットして時間を計る。時計やストップウォッチで計ってもいいけれど、でもたぶんタイマーのほうが確実。だからタイマーをセットする。

　卵の中身が見えなくても、タイマーがあれば安心。

　もしかしてもしかして、ゆでているのを忘れちゃっても、タイマーが鳴って教えてくれる。でもほんとうは忘れちゃだめです。

　トロトロ半熟はご飯の上に、ちょいトロ半熟はサラダに、かたゆで卵はサンドイッチにぴったり。同じゆで卵なのに、ゆでる時間だけでいろんな味になる。ゆで卵はそういうすてきな食べ物です。

5分　　**7**分　　**10**分

ゆで卵の作り方
ふっとうしたら、タイマーをセットして、好きなかたさにゆでよう
準備する道具　なべ／タイマー

材料
卵　食べるだけ

1 なべに卵を入れる。卵がかくれるくらいまで水を入れて、火にかける。火加減は中火。

2 ふっとうしてきたらタイマーをセットする（トロトロ半熟にしたいなら5分、ちょっとトロの半熟なら7分、かたゆでなら10分）。火加減は中火のまま。

3 タイマーが鳴ったら、流しに運んで水をジャーッとかける。

4 さわれるぐらい冷めたら、からをむく。

卵グラタン 半熟でとろり、ソースもとろり

準備する道具　なべ／タイマー／オーブントースターに入れてもOKな器／大さじ／オーブントースター

材料(1人分)
ゆで卵(ふっとうしてから7分の半熟)　1個
塩　2つまみ
こしょう　少々
トマトピューレ　大さじ2
生クリーム　大さじ2
ピザ用チーズ　大さじ2
オリーブ油　少々

作り方

1. ゆで卵のからをむく。オーブントースターに入れてもOKな器にゆで卵を入れて塩とこしょうをかける。
2. 上からトマトピューレと生クリームをかける。
3. 最後にピザ用チーズをのせる。
4. オーブントースターに入れて5〜7分、様子を見ながら焼く。チーズがとけたら完成。
5. トースターから出す。オリーブ油をかけて食べる。

器にゆで卵を入れ、塩、こしょう、トマトピューレ、生クリームをかける。大きい器でみんなの分をいっぺんに作ってもいい

ピザ用チーズをのせて、オーブントースターへ

ゆで卵ご飯

アツアツご飯に黄身がトロトロ。朝ご飯にも最高

準備する道具　なべ／タイマー

材料(1人分)
ゆで卵（ふっとうしてから5分のトロトロ半熟）　1個
アツアツご飯　茶わん1ぱい
しょうゆ　少々

作り方
1. ゆで卵のからをむく。
2. 茶わんにアツアツご飯をよそって、その上にトロトロのゆで卵を半分に割ってのせる。
3. しょうゆをかける。

ご飯の上で割る

卵サンド

かたゆで卵でサンドイッチ。
細かくつぶしてマヨネーズで
トロトロに混ぜて、牛乳をちょっと加える。
パンにはバターをたっぷりぬろう。

作り方 マグカップの中でつぶす

準備する道具 なべ／タイマー／マグカップ／フォーク／大さじ／オーブントースター／バターをぬるもの

材料（2個分）
ゆで卵（ふっとうしてから
　10分のかたゆで）　2個
マヨネーズ　大さじ2
牛乳　大さじ1/2
塩　1つまみ
こしょう　少々
食パン（サンドイッチ用）　4枚
バター　好きなだけ

1 ゆで卵をつぶす

1 からをむく。

2 マグカップに入れて、フォークでつぶす。

3 細かくなったらマヨネーズ、牛乳、塩、こしょうを入れて混ぜる。

2 パンにはさむ

4 パンはトーストして（しなくてもいい）、片面にバターをぬる。

5 卵をぬる。

6 パンをかぶせて、少しおさえる。

目玉焼き

卵を割るのは最高

　卵をどこかかたいところにあてて、コツンコツンとぶつけてみる。あんまり力を入れるとその場ですっかりグシャグシャグチャグチャになっちゃうから、あんまり力は入れないで、でもすこーしだけ力を入れて、コツンコツン。カシャッとからにヒビが入ったら、両手で持って、親指をヒビにあてて、ヒビを広げていく。ここでもあんまり親指に力を入れると、やっぱりグシャグシャになっちゃうから、しんちょうにぐぐっと力を入れて……ぐぐっ……パカッ。ポチャン。

　フライパンやボウルの底に着地したら成功。

　もし黄身がこわれちゃっても気にしない気にしない。丸い黄身もこわれた黄身もどっちもおいしい。

　でも、もし、からのかけらが入っちゃったときは、ちゃんと取る。卵のからが入った目玉焼きやオムレツなんて最低。

　だから黄身はこわれてもいいけれど、からだけは何があってもちゃんと取る。気をつけるのはそのくらい。

目玉焼きの作り方

ふたをして、弱火でじっくり焼く。
白身のふちが少しこげて、黄身にうっすら白いまくができたら大成功

準備する道具　フライパン／大さじ／フライパンのふた／フライ返し

材料(1人分)
卵　1個
サラダ油　大さじ1/2くらい
塩　2つまみ
こしょう　少々

1 卵を割る

1 フライパンを火にかける。火加減は中火。20秒たったらサラダ油を入れて、フライパンを回して広げる。

2 卵を平らなところでコツンとたたく。

3 フライパンの上でパカッと割る。

2 焼く

4 塩をパラパラふる。

5 ふたをする。火加減は弱火。黄身にうすーく白いまくができたら完成。こしょうをふる。

チーズ
スクランブルエッグ

といた卵を一気に流し入れて、
ぐるぐるぐるぐるかき混ぜて、チーズを入れる。
あとはケチャップで遊ぶ。

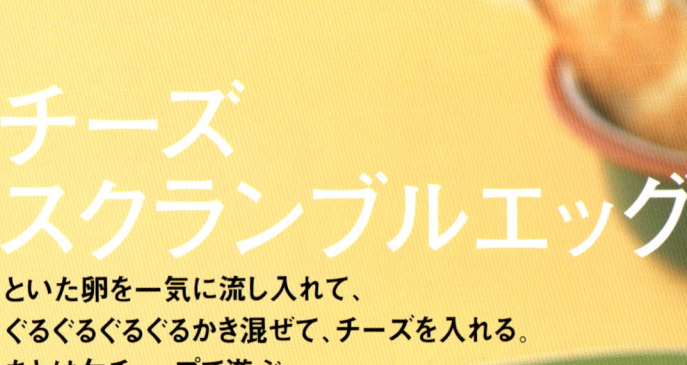

作り方
卵が全部固まらないうちにチーズを入れる
準備する道具　ボウル／混ぜるもの／フライパン／大さじ

材料(1〜2人分)
卵　2個
塩　1つまみ
こしょう　少々
サラダ油　大さじ1
ピザ用チーズ　大さじ4
ケチャップ　好きなだけ

*ちょっとひとこと　カリッとトーストしたパンをそえる。

1 卵を混ぜる

1 ボウルに卵を割り入れて、塩、こしょうをふる。

2 よーく混ぜる。

2 焼く

3 フライパンを中火にかけて、20秒たったらサラダ油を入れて広げる。

4 卵を一気に流し入れる。

5 全体にぐるぐるかき混ぜる。火加減は中火のまま。

6 卵が半分くらい固まってきたら、チーズをパラパラ入れて、全体をよく混ぜる。フライパンの底にチーズがくっついても気にしない。お皿に盛りつけて、ケチャップをかけて食べる。

スペインオムレツ

卵にじゃがいもやトマトを混ぜて焼くのがスペイン風オムレツ。
とにかく弱火で、じっくりじっくりじっくりじっくり焼くこと。
ひっくり返す必要なし。よく焼けた裏っ側がおいしいよ。

作り方
弱火でじっくり、あせらず焼く

準備する道具　ピーラー／包丁／まな板／なべ／ボウル／混ぜるもの／フライパン／大さじ／フライパンのふた／フライ返し

材料(4人分)
じゃがいも　1個
ピーマン　1個
トマト　1個
プロセスチーズ　30g
卵　3個
塩　2～3つまみ
こしょう　少々
サラダ油　大さじ1

＊ちょっとひとこと
この分量を一度に焼くには、直径26cmの大きさのフライパンがいい。小さいフライパンを使うなら、2回に分けて焼こう。

1 卵に具を混ぜる

1 じゃがいもは皮をむいて食べやすい大きさに切り、やわらかくなるまでゆでる（くわしくは42ページ）。

2 ピーマンは種を取って2cm角に切る。トマトも2cm角に切る。チーズは1cm角にコロコロ切る。

3 ボウルに卵を割り入れて、塩、こしょうをふって混ぜる。

4 じゃがいも、ピーマン、トマト、チーズを入れてよく混ぜる。

2 焼く

5 フライパンを強火にかけて、20秒たったらサラダ油を入れて広げる。

6 具を混ぜた卵を流し入れる。

7 ふたをして弱火にする。そのままじっくりじっくり焼く。

8 表面がかわいてきたら完成。

9 裏の焼けぐあいはこんな感じ。

サラダ

野菜の元気

　サラダは火をつかわないで作れるごちそうだ。火をつかわないからなべもフライパンもいらないし、包丁なしで作れるサラダもある。だから気をつけなければいけないことだって少ししかない。

　まず、葉っぱの野菜のサラダで大事なことは、水でよーく洗って葉っぱに元気を取りもどすこと。それからその後、水気をよーくきること。

　いくら水につけて元気になっても、ぬれたままではだめなのです。プールに入って気持ちよくなっても、タオルでふかないでビチャビチャのままだったら気分は最低。つまりそういうことです。

　それから、うすい葉っぱのサラダは、食べる直前にドレッシングをかけること。

　うすい葉っぱはすぐにドレッシングをすって、すぐにシナシナになって、やっぱり元気なサラダにはなれないから。

　分厚い葉っぱのキャベツは、少し前にドレッシングと混ぜても、味がしみておいしくなるよ。

キャベツサラダ

ドレッシングはマヨネーズ味。
ちぎったキャベツには味がよくしみこむ。
いくらでも食べられるよ。

作り方
手でバリバリちぎる

準備する道具　ボウル×2／ざる／大さじ
小さじ／包丁／まな板／おろし器

材料(4人分)
キャベツ　1/4個
マヨネーズドレッシング
┌ オリーブ油　大さじ1
│ マヨネーズ　大さじ1
│ レモン汁　大さじ2
│ ドライバジル　小さじ1/2
│ 塩　1つまみ
│ おろしにんにく　ほんの少し
└ こしょう　少々

1 キャベツをちぎる

1 キャベツを洗う。水を入れたボウルにつけて、上下にふってジャブジャブ洗う。もちろん葉を1枚ずつはがして洗ってもいい。

2 食べやすい大きさにちぎる。

3 ざるに入れて水気をよーくきる。

2 ドレッシングであえる

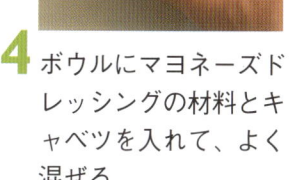

4 ボウルにマヨネーズドレッシングの材料とキャベツを入れて、よく混ぜる。

5 器に盛りつける。

ドレッシング

ドレッシングは油とすが基本。
これらに塩やいくつかの調味料、
ハーブなどを加えて、混ぜるだけ。
油はいつもごま油やオリーブ油ってわけじゃなく、
すの代わりにレモン汁を使ったりすると、
いろんな味になる。

作り方 それぞれ、全部の材料をボウルに入れてよく混ぜる

フレンチドレッシング
基本の基本

材料(4人分のサラダ1回分)
オリーブ油　大さじ1
す　大さじ1
塩　2つまみ
こしょう　少々

イタリアンドレッシング
チーズとにんにくでイタリアン

材料(4人分のサラダ1回分)
オリーブ油　大さじ1
す　大さじ2
粉チーズ　大さじ2
おろしにんにく　ほんの少し
塩　1つまみ
こしょう　少々

中華風ドレッシング
ごま油とオイスターソースで中華味

材料(4人分のサラダ1回分)
ごま油　大さじ1
す　大さじ1
オイスターソース　大さじ½
しょうゆ　小さじ1

和風ドレッシング
しょうゆとしょうがで和風

材料(4人分のサラダ1回分)
サラダ油　大さじ1
しょうゆ　大さじ1
す　大さじ1
おろししょうが　小さじ½
白ごま　大さじ1～2

マヨネーズドレッシング
マヨネーズも油の役割。バジルがアクセント

材料(4人分のサラダ1回分)
オリーブ油　大さじ1
マヨネーズ　大さじ1
レモン汁　大さじ2
ドライバジル　小さじ½
塩　1つまみ
おろしにんにく　ほんの少し
こしょう　少々

ドライバジル。バジルの葉っぱ(28ページでしょうかい)をよくかわかしたもの。生の葉っぱとちがって保存できるので、便利。イタリア料理でよく使われる。写真のびんに書いてある「バジリコ」はイタリア語の言い方。

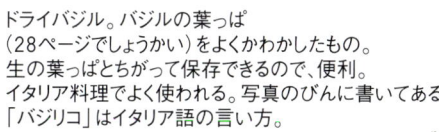

へたを取ったトマトを
ざくざく切る

バジルの生の葉っぱ。
サラダやスパゲッティのソースに
入れることが多い。
イタリア料理でよく使われる

トマトサラダ

トマトとバジルだけで、おしゃれなサラダに

準備する道具　包丁／まな板／ボウル／大さじ／おろし器

材料（4人分）
- トマト　2個
- 生のバジルの葉っぱ　7～8枚
- イタリアンドレッシング
  - オリーブ油　大さじ1
  - す　大さじ2
  - 粉チーズ　大さじ2
  - おろしにんにく　ほんの少し
  - 塩　1つまみ／こしょう　少々

作り方

1. トマトはへたを取ってざくざく切る。
2. 小さいボウルにドレッシングの材料を入れて混ぜる。
3. 器にトマトをのせて、バジルの葉をちぎってのせる。
4. ドレッシングをかける。

レタスサラダ

レタスがパリパリ。しらすがアクセント

準備する道具　キッチンペーパー／ボウル／大さじ／小さじ

材料（4人分）
レタス　1個
しらす　大さじ3
中華風ドレッシング
　［ごま油　大さじ1
　　す　大さじ1
　　オイスターソース　大さじ1/2
　　しょうゆ　小さじ1

作り方
1. レタスは洗ってキッチンペーパーで水気を取り、食べやすい大きさにちぎる。
2. ボウルにドレッシングの材料とレタスとしらすを入れてよく混ぜる。

ちぎると、ドレッシングの味がよくしみこむ

とうふサラダ カリカリに焼いた油あげがおいしい

準備する道具　キッチンペーパー／包丁／まな板／アルミフォイル／オーブントースター／ボウル／ざる／大さじ／小さじ／おろし器

材料(4人分)
とうふ(木綿)　1丁
油あげ　1枚
水菜　½束
和風ドレッシング
　サラダ油　大さじ1
　しょうゆ　大さじ1
　す　大さじ1
　おろししょうが　小さじ½
　白ごま　大さじ1〜2

作り方

1 とうふはキッチンペーパーでよーく水気をふく。

2 油あげは1cmはばに切る。アルミフォイルにのせて、オーブントースターでカリカリになるまで焼く。

3 とうふをちぎってボウルに入れる。

4 水菜を洗って水気をきり、根から3cmぐらいを切り捨てる。食べやすい長さに切って(手でちぎってもいい)、ボウルに入れる。

5 2の油あげもボウルに入れる。

6 ドレッシングの材料を入れて混ぜる。

とうふの表面をキッチンペーパーでかるくおさえて、水気を取る

油あげを焼くときは、アルミフォイルにのせる。黒くこげると苦くなるので、様子を見ながら焼く

にんじんサラダ
ピーラーでスルスル切るだけ

準備する道具　ピーラー／包丁／まな板／ボウル／大さじ

材料(4人分)
にんじん　1本
カマンベールチーズ　½個(70gくらい)
オリーブ(黒)　10個
フレンチドレッシング
　┌ オリーブ油　大さじ1
　│ す　大さじ1
　│ 塩　2つまみ
　└ こしょう　少々

作り方

1 にんじんはピーラーで皮をむいてから、そのままピーラーでうすーく切る。

2 チーズは食べやすい大きさに切る。

3 ボウルににんじん、チーズ、オリーブを入れる。ドレッシングの材料を入れてよく混ぜる。

黒いオリーブ。緑色や中に赤ピーマンをつめたものもある

にんじんを回しながら切っていく

きゅうりをたたけ

きゅうりはたたくと味がよくしみておいしくなる。包丁で切るよりもずっと味がよくしみる。
それに、棒でバンバンたたくのは最高に気持ちいい。ただ、でも、あんまりたたきすぎないようにね。

準備する道具　包丁／まな板／棒／大さじ／ボウル

1 きゅうりは洗う。両方のはじっこを1cmぐらい切って捨てる。ちぎってもいい。棒でたたく。

2 バンバンたたく。あんまり強くやるとぐちゃぐちゃになるので、ひびが入ったら手で折ってもいい。

3 このくらい。よくできました。

たたききゅうりの中華風

材料(2〜4人分)
たたいたきゅうり　2本分
ごま油　大さじ1
しょうゆ　大さじ½
塩　2つまみ
砂糖　2つまみ
ごま　大さじ2

作り方
材料を全部ボウルに入れてよく混ぜる。

たたききゅうりとちぎりハムのサラダ

材料(2〜4人分)
たたいたきゅうり　2本分
ハム　3枚
マヨネーズ　大さじ1
サラダ油　大さじ½
す　大さじ½
塩　1つまみ
こしょう　少々

作り方
1　ハムは食べやすい大きさにちぎる。
2　ハムと残りの材料を全部ボウルに入れてよく混ぜる。

ハンバーグ

ハンバーグは手で混ぜる

　手を使うにはいくつか理由がある。つかみながら混ぜると全体がしっかりよく混ぜられるし、それは他の道具ではできないから。手の温度が肉をなじませておいしくするから。そしてなにより、ハンバーグの状態が他のどんな道具を使うよりもよくわかるから。
　だから、ハンバーグは手で混ぜる。
　冷蔵庫から出したばっかりのひき肉は冷たいし、ずっと混ぜているとつかれるけれど、でもおいしくするためにハンバーグは手で混ぜる。そしてもちろん手で丸める。
　もし手が小さくて、大きなハンバーグを作るのがむずかしければ、小さいハンバーグをたくさん作ればいい。自分の手の大きさに合わせて、いちばん作りやすい大きさで作ればそれでいい。
　ハンバーグは手で混ぜて手で丸める。手はいちばん身近でいちばん大事な道具のひとつなのです。

ハンバーグの作り方

おいしくて絶対失敗しない作り方、教えます

準備する道具　包丁／まな板／フライパン／大さじ
混ぜるもの／皿×2／ボウル×2／計量カップ／小さじ
フライ返し／フライパンのふた／タイマー／スプーン

材料(4人分)
ハンバーグ
　玉ねぎ　1個
　卵　1個
　パン粉　1カップ
　牛乳　1/4カップ(50ml)
　牛ひき肉　400g
　塩　小さじ1/2
　ナツメッグ　小さじ1
　サラダ油　大さじ2と少々
ソース
　水　1/2カップ
　ケチャップ　大さじ3
　ウスターソース　大さじ2
　酒　大さじ1
　バター　大さじ1
　しょうゆ　小さじ1

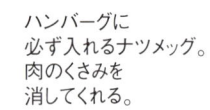

ハンバーグに必ず入れるナツメッグ。肉のくさみを消してくれる。

＊ちょっとひとこと
冷蔵庫から出したばかりの肉は冷たくて、こねるのがつらい。作りはじめる30分くらい前に出しておくといい。
12で水を入れると、初めはジャーッとはねるけど、最初だけなのでそのままどんどん入れる。

＊つけ合わせは、粉ふきいもと、ゆでたえんどう豆。粉ふきいもの作り方は42ページ。

1 玉ねぎをいためる

1 玉ねぎをみじん切りにする（くわしくは40ページ）。

2 フライパンを中火にかけて、20秒たったらサラダ油を大さじ1入れて広げる。玉ねぎを入れていためる。すきとおってきたら、皿に出して冷ます。

2 肉をこねる

3 ボウルに卵、パン粉、牛乳を入れてよーく混ぜておく。

4 別のボウルに牛ひき肉、塩、ナツメッグを入れる。

5 よーく混ぜる。

6 いためた玉ねぎと**3**を入れて、さらによーく混ぜる。

3 丸める

7 一度手を洗ってから、手のひらにサラダ油を少しぬる。

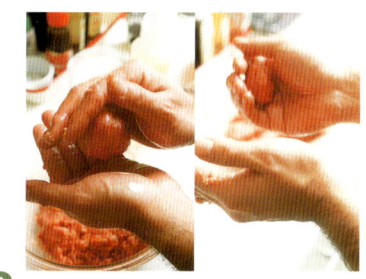

8 肉を丸めて両手でキャッチボールする。そうすると焼いても割れない。

9 少しおさえてハンバーグの形にする。大きさはどんな大きさでもいい。皿に並べておく。

4 焼く

10 フライパンを中火にかけて、20秒たったらサラダ油大さじ1を入れて広げ、ハンバーグを並べる。

11 ハンバーグの裏をのぞいてみて、少しこげ目がついていたらひっくり返す。

12 全部ひっくり返したら、ハンバーグがかくれるくらいまで水を注ぐ。

13 ふたをしてタイマーを8分にセットする。火加減は中火。

5 ソースの材料を加えて、煮つめる

14 タイマーが鳴ったらふたを取って、火を止める。ソースの材料を入れて、また火をつける。火加減は中火。

15 スプーンでソースをハンバーグにかけながら、煮る。ふたはしない。

16 ソースがとろっとしたら完成。皿にのせる。フライパンに残っているソースもかける。

ミートボールペンネ

ハンバーグのもとを使って、ふんわりやわらかいミートボールのでき上がり。
ペンネのしっかりした歯ごたえがうまい！

準備する道具　包丁／まな板／フライパン／大さじ／混ぜるもの／皿×2
ボウル×2／計量カップ／小さじ／スプーン／タイマー／なべ／あみじゃくし

材料(4人分)

ハンバーグのもと
　（36ページの作り方**1**〜**6**）　4人分
サラダ油　大さじ1と少々
ホールトマト（かんづめ）　1かん（400g）
塩　小さじ1/2くらい
こしょう　少々
生のバジルの葉っぱ　10枚
ペンネ　200g
　塩　大さじ1〜2
粉チーズ　好きなだけ

1 ミートボールソースを作る

1 ハンバーグのもとを作る（36ページの作り方 **1**〜**6**）。

2 手のひらにサラダ油を少しぬり、肉をゴルフボールぐらいの大きさに丸める。

3 フライパンを中火にかけて20秒たったら、サラダ油大さじ1を入れて広げ、ミートボールを並べる。

4 ミートボールを転がしながら焼いて、全体に少しこげ目をつける。

5 ホールトマトを入れ、ミートボールがかくれるくらいまで水を入れる。でかいトマトはつぶす。タイマーを8分にセットする。ふたはしない。

6 タイマーが鳴ったら、塩とこしょうをちょっとずつ入れて味をみる。ちょうどいい味になったら、バジルの葉っぱをちぎって入れて、火を止める。

2 ペンネをゆでる

7 大きななべに水を入れて強火にかける。ふっとうしたら塩を入れる。

8 ペンネをザーッと入れ、ペンネのふくろに書いてある時間にタイマーをセットする（たぶん10〜12分ぐらい）。

9 ときどき混ぜる。

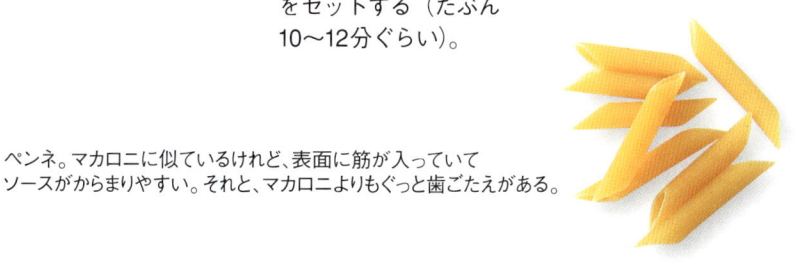

3 ソースとペンネを混ぜる

10 ペンネのタイマーが鳴ったら、あみじゃくしですくって、ソースのフライパンに入れる。火をつけて、ソースとペンネを混ぜ合わせる。皿に盛りつけて粉チーズをかける。

ペンネ。マカロニに似ているけれど、表面に筋が入っていてソースがからまりやすい。それと、マカロニよりもぐっと歯ごたえがある。

玉ねぎの
みじん切り

玉ねぎのみじん切りは少しコツがいるからしんちょうに。包丁を持っていないほうの手によーく注意すること。切っていると目にしみてなみだが出るけれど、慣れてきたら目が痛くなる前に切り終わる、かもよ。

準備する道具　包丁／まな板

1 まず茶色い皮をむいて洗う。上のほうの茶色いところは切って捨てる。根っこは切らない。

2 半分に切る。

3 根っこのほうをおさえて、まず、縦に切りこみを入れていく。

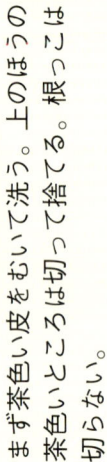

4 今度は横に2本ぐらい切りこみを入れる。ちょっとむずかしい。

40

5 はしから切る。と、もうみじん切りになる。

6 切りこみが入っていないところまで切ったら、またっ切りこみを入れる。これをくり返す。

7 最後に包丁の先をおさえて、え（持ち手）だけ上下させてザクザク切る。細かくなるまでザクザク。これは楽。

8 完成。

粉ふきいも

粉ふきいもは、ハンバーグやカレーや、
その他いろんなものと、とてもよく合う。もちろんそのままでもおいしい。
だから覚えておくとものすごくすごく便利なんだぜ。

準備する道具　ピーラー/包丁/まな板/ボウル/なべ
　　　　　　　なべのふた/ざくし

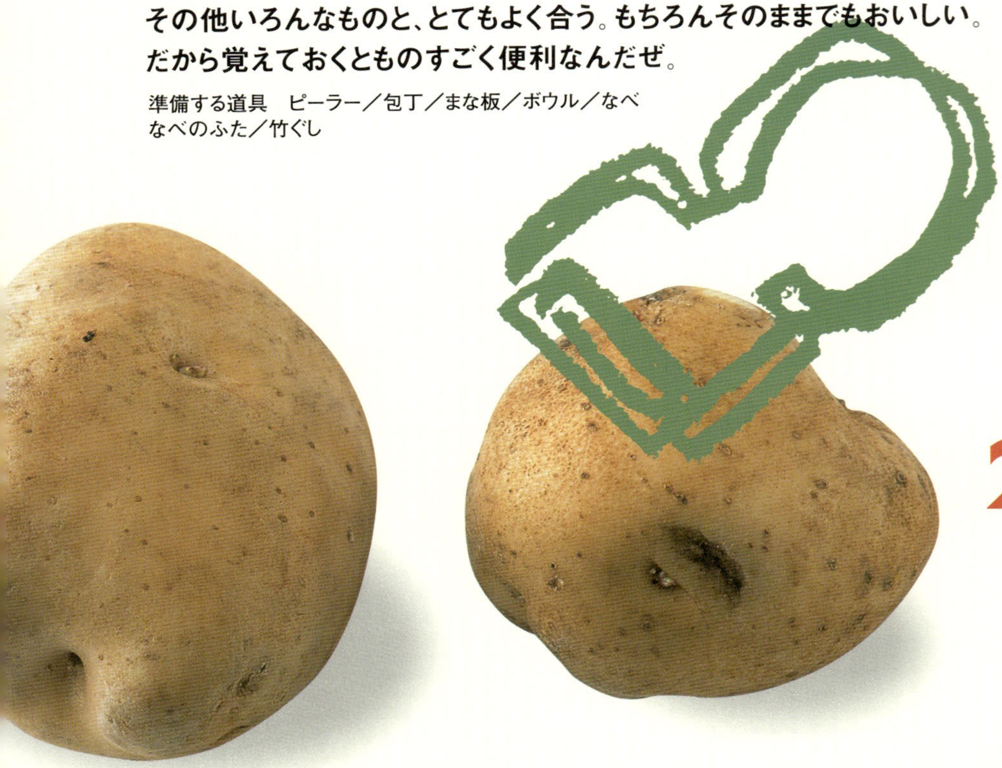

1. じゃがいもは洗う。まず芽を取る（芽は、皮をむいてから取ってもいい）。
2. 皮をむく。 
3. こんな感じ。 
4. コロコロ切る。 
5. ボウルに水を入れて、じゃがいもを3分ぐらいつけておく。 
6. じゃがいもは水をきってなべに入れる。水をじゃがいもの高さぐらいまで入れる。

7 ふたをして中火にかける。10〜15分ゆでる（もしとちゅうで水がなくなったら足す）。

8 竹ぐしをさして確認する。やわらかくなっていたら火を止める。

9 お湯を捨てる。

10 もう1回中火にかけて、ふたをしてなべを前後にゆする。

完成。

サンドイッチ

サンドイッチとバター

　サンドイッチで大切なことはバターをたっぷりぬること。バターをうすーく上品にぬったパンもすてきだけれど、でもサンドイッチにはたっぷり。
　バターのかべが、はさんだものの水分からフカフカパンを守ってくれる。パンがビチャビチャのサンドイッチなんて最低。だからバターはたっぷり。
　もちろん、中にはさむものの水気もしっかりふいておくのも忘れずに。
　たくさん作るときは、でき上がったサンドイッチにかたーくしぼったふきんをかけておく。そうしないとパンがパサパサになっちゃうから。ビチャビチャのサンドイッチも最低だけれど、パサパサのサンドイッチも最低だからね。
　パンのみみはあってもなくても、どっちでもいい。
　はさんで上からぎゅっとおさえたら、あとは好きなように切るだけ。三角でも四角でも。大きくても小さくても。もちろん、切らないでそのまま食べるのも最高においしい。

サンドイッチの作り方

パンにはバターを
たっぷりぬること。
おいしいのはもちろん、
バターのかべが
パンを守ってくれるから

準備する道具　バターをぬるもの
キッチンペーパー／ふきん／包丁／まな板

材料
食パン／バター／具（はさむもの）

1 パンにバターをぬる

1 バターは使う分だけ冷蔵庫から出しておく。そうすると、やわらかくなってぬりやすくなる。

2 全部のパンの片面にバターをしっかりぬる。

2 はさむ

3 レタスなど水気があるものは、キッチンペーパーでふいてからのせる。

4 具をのせてマヨネーズをかける。

5 もう1枚のパンではさむ。はさんだら、ちょっとおさえる。

6 たくさん作るときは、先にできたものにふきんをかけておく。かけないとパサパサになる。

7 切る。

サンドイッチは食パン以外で作ってもおいしい。
いろんなパンで作れば、いろんな味になる。

ハムサンド
ハム+レタス

準備する道具　バターをぬるもの
キッチンペーパー

材料（2個分）
食パン　4枚
バター　好きなだけ
[はさむもの]
ハム　4枚
レタス　2〜4枚
マヨネーズ　好きなだけ

作り方
パンにバターをぬり、レタス（水気をよーくふく）とハムをのせる。マヨネーズをかけて、もう1枚レタスをのせて、はさむ。

えびマヨサンド
ゆでたえび+マヨネーズ

準備する道具　包丁／まな板
バターをぬるもの

材料（2個分）
食パン　4枚
バター　好きなだけ
[はさむもの]
ゆでたえび　12び
パセリ　1/4束
マヨネーズ　好きなだけ

作り方
ゆでたえびは、からがついていたらむく。パセリはみじん切りにする（パセリはなくてもいい）。パンにバターをぬり、マヨネーズをかけて、えびを並べる。パセリをかけて、はさむ。

コロッケサンド
買ってきたコロッケ+
キャベツの細切り

準備する道具　包丁／まな板
オーブントースター／バターをぬるもの

材料（2個分）
食パン　4枚
バター　好きなだけ
[はさむもの]
コロッケ　2個
キャベツ　3枚
ウスターソース　好きなだけ

作り方
キャベツは細く切る。パンはトーストしてバターをぬる。パンにキャベツをのせる。コロッケをのせてウスターソースをかけて、はさむ。上からむぎゅーっとおさえて、コロッケをつぶす。

ツナサンド
ツナ+玉ねぎのみじん切り

準備する道具　包丁／まな板／ボウル
ざる／大さじ／小さじ
バターをぬるもの

材料(2個分)
食パン　4枚
バター　好きなだけ
[はさむもの]
玉ねぎ　¼個
ツナ　1かん(80g)
マヨネーズ　大さじ2
牛乳　小さじ½〜1
こしょう　少々

作り方
玉ねぎをみじん切りにして、水に3分ぐらいつけておく。3分たったらざるに入れて水をきって、ボウルに入れる。ツナ、マヨネーズ、牛乳、こしょうもボウルに入れて、よーく混ぜる。パンにバターをぬって、はさむ。

のりチーズサンド
のり+スライスチーズ

準備する道具　はさみ／バターをぬるもの

材料(2個分)
食パン　4枚
バター　好きなだけ
[はさむもの]
のり　大1枚
スライスチーズ　2枚

作り方
のりをはさみで4枚に切る。パンにバターをぬって、のりとスライスチーズをはさむ。

アボカド ベーコンサンド
アボカド+
カリカリに焼いたベーコン

準備する道具　包丁／まな板
オーブントースター
バターをぬるもの

材料(2個分) 
食パン　4枚
バター　好きなだけ
[はさむもの]
アボカド　1個
レモン　½個
ベーコン　4枚
マヨネーズ　好きなだけ
こしょう　少々

作り方
アボカドはくるりと半分に切って種を取って、皮をむく。うすく切って、すぐにレモンをしぼってかける。ベーコンはオーブントースターでカリカリになるまで焼く。パンにバターをぬり、アボカドを並べてベーコンをのせる。マヨネーズとこしょうをかけて、はさむ。

いちごジャムサンド
いちごジャム

準備する道具　バターをぬるもの／スプーン

材料(2個分)

食パン　4枚
バター　好きなだけ
[はさむもの]
いちごジャム　好きなだけ

作り方

パンにバターをたっぷりぬる。いちごジャムもたっぷりぬって、はさむ。

フルーツサンド
いちご+かんづめのもも+
あわ立てた生クリーム

準備する道具　包丁／まな板／ボウル
計量カップ／大さじ／あわ立て器
バターをぬるもの

材料(2個分)

食パン　4枚
バター　好きなだけ
[はさむもの]
かんづめのもも　2切れ
いちご　6個
生クリーム　1/2カップ(100ml)
砂糖　大さじ2

作り方

ももといちごは1cm角ぐらいに切る。ボウルに生クリームと砂糖を入れて、あわ立て器でよーくよーくかき混ぜる。あわ立て器からクリームが落ちないぐらいになったら、ももといちごを入れて混ぜる。パンにバターをぬって、はさむ。

あんこバターサンド
あんこ+かたまりのバター

準備する道具　バターをぬるもの／スプーン

材料(2個分)

食パン　4枚
バター　好きなだけ
[はさむもの]
あんこ　好きなだけ
バター　少々

作り方

パンにバターをぬる。あんこをのせて、その上にさらにバターを少しだけのせて、はさむ。

トースト

ただのトーストもおいしいけれど、いろいろのせて焼けばごちそうになる

ピザトースト

分厚いパンで作ろう。チーズはたっぷりとね

準備する道具　包丁／まな板／大さじ
オーブントースター

材料(1枚分)
ピーマン　1/2個
ソーセージ　1〜2本
パン　1枚
ピザソース　大さじ2
ピザ用チーズ　たっぷり

作り方

1. ピーマンはへたと種を取り、うすい輪切りにする。ソーセージは1cmくらいにコロコロ切る。
2. パンにピザソースをぬって、ピーマンとソーセージをのせる。
3. チーズをたっぷりのせる。トレーにのせてオーブントースターでチーズがとけるまで焼く。時間は5〜8分。

なすクリームチーズトースト

なすにオリーブ油をかけて

準備する道具　包丁／まな板
ボウル／ざる／大さじ
小さじ／オーブントースター

材料(1枚分)
なす　1/2本
パン　1枚
オリーブ油　大さじ1
ドライバジル*　小さじ1/2
塩　少々
こしょう　少々
クリームチーズ　好きなだけ

＊バジルはイタリア料理でよく使う材料（27ページ）。

作り方

1. なすはうすい輪切りにして、塩水に2分つけておく。2分たったらざるにあけて水気をきる。
2. パンにオリーブ油大さじ1/2をぬって、なすを並べる。上からオリーブ油大さじ1/2とバジルをかけて、塩、こしょうもパラパラかける。
3. トレーにのせてオーブントースターで5〜10分、パンにこげ目がつくまで焼く。チーズを適当な大きさに切ってのせる。

シナモン。アップルパイやフレンチトーストなど、おかしによく使うスパイス。料理にも使う。

バナナピーナッツバタートースト

焼いたバナナがおいしい

準備する道具　包丁／まな板
バターをぬるもの／オーブントースター

材料（1枚分）
バナナ　½本
パン　1枚
ピーナッツバター　たっぷり
シナモン　好きなだけ

作り方

1 バナナは輪切りにする。

2 パンにピーナッツバターをぬる。バナナを並べてシナモンをふる。

3 トレーにのせてオーブントースターで5～7分焼く。バナナのふちがすこーし黒くなったら完成。

コンデンスミルク。いちごにかけて食べるだけじゃなくて、パンにかけても紅茶に入れても、おいしい。

ミルクトースト

おやつに食べたい

準備する道具
オーブントースター／バターをぬるもの

材料（1枚分）
コンデンスミルク　好きなだけ
パン　1枚
バター　好きなだけ

作り方
パンをトーストする。バターをぬってコンデンスミルクをかける。

ホットドッグ

ホットドッグはパンにソーセージをはさんで
ケチャップをかければそれで完成。
キャベツがあったらもっとうれしいけれど、なくたっておいしい。
マスタードはからいのとからくないのを売ってるよ。

準備する道具　包丁／まな板／オーブントースター

材料　ホットドッグ用のパン／ソーセージ
キャベツ／ケチャップ／マスタード

1 キャベツをほそーく切る（せん切り）。

2 パンに切りこみを入れる。

3 パンをオーブントースターで焼く。ソーセージもオーブントースターで焼く。

4 パンにキャベツとソーセージをはさむ。ケチャップとマスタードをかける。

ホットサンド

中からチーズがトローッと出てくるホットサンドは最高。
作るのもすごく簡単。うすいパンで作ったほうが
おいしいけれど、どんなパンでも作れる。
焼いてるとちゅうでたまに開けて様子を見るのを忘れずに。

準備する道具　バウルー

材料
パン／ハム
スライスチーズ

1 バウルーにパンを置く。その上にチーズとハムをのせる。上にパンをのせる。

2 バウルーを閉じて弱火にかける。ときどき開けて焼けぐあいを見ながら、パンがきつね色になるまで焼く。チーズをいっぱい入れてもおいしい。

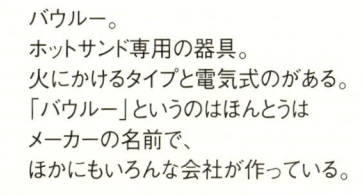

バウルー。
ホットサンド専用の器具。
火にかけるタイプと電気式のがある。
「バウルー」というのはほんとうは
メーカーの名前で、
ほかにもいろんな会社が作っている。

ぶんまわし おにぎり

ぶるんぶるんぶんまわせ

　ぶんまわしおにぎりは、だれでも簡単に、すぐに、まん丸のおにぎりが作れる方法です。

　アツアツご飯にさわらなくても、手がちっちゃくても、ふきんのはじっこを持ってぶるんぶるんぶんまわすだけで、だれでも、絶対に、まん丸おにぎりが作れます。

　ぶんまわしおにぎりを考えたのはぼくの母親です。たまにはいいこと考えるなあと思いました。

　中に入れる具には決まりはないから、ご飯に合いそうなものを何でも入れて、とにかくぶるんぶるんぶんまわせばそれで完成。

　気をつけるのは、おにぎりが飛び出してしまわないように、しっかりふきんでくるんでしっかり持つこと。

ぶんまわしおにぎりの作り方
ふきんはぬらして、かたーくしぼる

準備する道具　ふきん／おわん／しゃもじ

1 ふきんにご飯を入れる

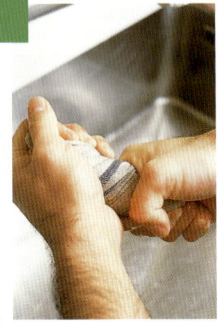

1 ふきんをぬらしてよーくしぼる。

2 おわんにふきんをかぶせる。

3 おわんの形にふきんをくぼませて、塩をパラパラふる。

4 ご飯を入れる。

5 まん中に好きな具を入れる。

2 ぶんまわす

6 ふきんのはしを集めて下のほうでしっかりにぎる。

7 ぶるんぶるんぶんまわす。

8 すこーし形を直して完成。

9 のりをまいたり、ごまをまぶしたりする。

おにぎりの具
それぞれおにぎり2～3個分

たらこ
たらこ1本をゆでて、切る。

梅干し
種を取ってちぎる。

かつお節
かつお節大さじ2～3に、しょうゆ小さじ1を混ぜる。

ふりかけ
好きなふりかけを、できたおにぎりにたっぷりまぶす。

さけ
あま塩さけ1切れをしっかりゆでて、ほぐす。

青のりチーズ
プロセスチーズをコロコロに切って青のりをまぶす。

じゃこバター
ちりめんじゃこ（好きなだけ）とバター少しを、いっしょにおにぎりに入れる。

ごま
いりごまを、できたおにぎりにたっぷりまぶす。

ツナマヨ
ツナ1かん（80g）にマヨネーズ大さじ1～2を入れてよーく混ぜる。

焼きおにぎり
こげたしょうゆがおいしい！

準備する道具 ふきん／おわん／しゃもじ／フライパン／フライ返し／小さじ

材料（2個分）
ご飯　茶わん2はい
サラダ油　少々
しょうゆ　小さじ2

ぶんまわしたら、平べったくおさえる。まわりが割れないように気をつけて、形を作ろう

こげ目がついたら、しょうゆをたらり

作り方

1. ぶんまわしておにぎりを作る（ぶんまわしの方法は56ページ）。手でおさえて、少し平べったい形にする。

2. フライパンを中火にかけて、20秒たったらサラダ油をひく。

3. おにぎりを入れて焼く。少しこげ目がついたら、ひっくり返してしょうゆをたらす。

4. もう1回ひっくり返して、しょうゆをたらして焼く。両面おいしそうなこげ目がついたら完成。

*ちょっとひとこと
こげつかないフライパン（じゅし加工のフライパン）なら、油をひかなくてもうまく焼ける。

わかめしらすおにぎり
ご飯に混ぜるだけ

準備する道具　包丁／まな板／ボウル／しゃもじ／大さじ／ふきん／おわん

材料（2個分）
しばづけ　大さじ1〜2
おにぎり用のわかめ　大さじ1
しらす　大さじ1
ご飯　茶わん2はい

作り方

1. しばづけをみじん切りにする。
2. ボウルにご飯、しばづけ、わかめ、しらすを入れて混ぜる。
3. ぶんまわしておにぎりにする（ぶんまわしの方法は56ページ）。

ご飯と具を混ぜる

おわんにふきんをかぶせ、混ぜたご飯を入れる

みそ汁

みそ汁を覚えておけば、このさきずーっと役に立つっ。だしをとるなんて簡単だから、かつお節でちゃんとだしをとる。そうそう、みそを入れてからは、グラグラふっとうさせちゃだめですよ。

準備する道具 なべ／計量カップ
あみじゃくし／はし／包丁
まな板／大さじ／おたま／はさみ

材料（4人分）
水 3½カップ（700ml）
かつお節 2カップ
油あげ 1枚（食べやすく切る）
青ねぎ 食べるだけ
みそ 大さじ2〜3

1 なべに水を入れて強火にかけ、ふっとうさせる。

2 かつお節をブワッと入れる。火は弱火にする。

5 しぼる。

3 2分ぐらい煮る。

4 かつお節をすくう。

6 油あげを入れて1分煮る。

7 みそを、まず大さじ2ぐらい入れてとかす。

8 味をみる。うすければみそを足す。

9 おわんによそい、ねぎをはさみで切って入れる。

カレー

いよいよ、カレーに挑戦

　カレーが作れるようになったら、もうこわいものなんて何もない。とまでは言わないけれど、でもカレーが作れるようになったら最高に最高。
　だってカレーが作れるということはつまり、カレーが食べられるということだから。
　とり肉をいためるときは、肉をなべに並べてすぐにいじらないこと。いじるとよけいにくっつきやすくなる。だから、くっついちゃいそうで不安になっても、けしていじらずに、少しの間じっと待つこと。
　焼けてきたらそのうちにパカッとはがしやすくなる。
　ただ、もしも万が一、じっと待っても、ほんとうにくっついちゃったときには、へらでガリガリはがす。大丈夫、そのぐらいではカレーのおいしさは変わらない。

チキンカレーの作り方

骨のついたとり肉から、おいしいだしが出る。
いろんなトッピングでぐっと楽しく！

準備する道具　ピーラー／包丁／まな板／キッチンペーパー／なべ
大さじ／混ぜるもの／計量カップ／タイマー／おたま／ボウル／竹ぐし

材料(4人分)
とり手羽元　12本
玉ねぎ　1個
にんじん　2本
サラダ油　大さじ2
ローリエ(家にあれば)　1枚
カレールウ　1箱(5〜6人分と書いてあるもの)
板チョコ　1/3枚
水　ルウの箱に書いてある分量

＊トッピングは66ページ

材料の下ごしらえをする

1 これが材料。

2 にんじんは皮をむいて、2〜3cmのコロコロに切る。

3 玉ねぎもにんじんと同じぐらいの大きさにザクザク切る。

4 とり肉はキッチンペーパーでよーくふく。

2 いためる

5 なべを強火にかけて、20秒たったらサラダ油を入れて広げる。とり肉を入れる。

6 とり肉は入れてすぐはいじらないで、少しこげ目がついたら混ぜる。

7 全体にこげ目がつくようによーくいためる。なべの底が少しこげても気にしない。

8 とり肉にこげ目がついたら、にんじんと玉ねぎを入れていためる。

3 煮こむ

9 玉ねぎがすきとおってきたら、水をジャーッと入れる。あればローリエも入れる。タイマーを20分にセットする。

10 ふっとうするまで強火で煮る。とちゅうでアク（かたまっている細かーいあわ）がういてくるので、すくい取る。

11 ふたをしないで、弱火で煮る。

12 タイマーが鳴ったら、竹ぐしでにんじんをさしてみる。やわらかければOK。かたければ、やわらかくなるまで煮る。

4 カレールウを入れる

13 いったん火を止めてカレールウを割り入れる。

14 かくし味のチョコレートも入れる。

15 もう一度火をつけて、混ぜながら煮る。弱火で10分。混ぜていないと底がこげてくっついちゃうので注意。とろみがついたら完成。ご飯とカレーを皿に盛りつけて、好きなトッピングをのせる。

カレーのトッピング
トッピングは家にあるもの何でもいい

左は、トルティーヤチップス。
とうもろこしの粉で作ったチップで、
メキシコやアメリカでよく食べる。
右は、フライドオニオン。
玉ねぎを油であげたもので、
大きなスーパーで売っている。
カリカリで少しあまい。

粉ふきいも
作り方は42ページ

プロセスチーズ
好きなだけ（コロコロに切る）

バターピーナッツ
好きなだけ

らっきょう
好きなだけ

きゅうりのピクルス
好きなだけ（コロコロに切る）

フライドオニオン
好きなだけ

福神づけ
好きなだけ

トルティーヤチップス
好きなだけ

レーズン
好きなだけ

ラッシー
カレーにぴったりの、
すっぱくてあまい飲み物

準備する道具
ボウル／計量カップ／大さじ

材料（4人分）
ヨーグルト　500㎖
牛乳　1カップ
レモン汁　大さじ2
はちみつ　大さじ4

作り方
ボウルに材料を全部入れて
よく混ぜて、氷を入れたグ
ラスに入れる。

コーンスープ

かんづめでコーンスープ。
かんづめと牛乳と砂糖と塩を混ぜれば完成。
塩は様子を見ながらしんちょうに入れること。
塩は食べるときでも足せるけど、引くことはできないからね。

準備する道具　なべ／計量カップ／大さじ／おたま
包丁／まな板／オーブントースター

材料(4人分)
クリームコーン(かんづめ)　大1かん(190g)
牛乳　3カップ
砂糖　大さじ1/2〜1
生クリーム　1/4カップ
塩　味をみてちょうどよくなるぐらい
フランスパン　好きなだけ
ドライパセリ(家にあれば)　少々
こしょう　少々

1 なべにクリームコーンと牛乳と砂糖を入れて中火にかける。

2 よーく混ぜる。

3 3分煮て、生クリームを入れて混ぜる（生クリームは少しだけ残しておく）。味をみながら塩を少しずつ入れて混ぜる。おいしい味になったら完成。

4 クルトンを作る。フランスパンをコロコロに切って、オーブントースターでカリカリになるまで焼く、だけ。フランスパンの代わりに食パンでもいい。

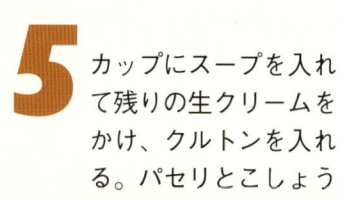

5 カップにスープを入れて残りの生クリームをかけ、クルトンを入れる。パセリとこしょうもかける。

おやつ

おやつがすてきなのは、好きなものだけ食べればいいというところ。
笑って作って、笑って食べればそれでいい。
おやつはほんとにつくづくすてきなものだよな。

あずき白玉

なめらかで、やわらかくて、
ちびっこからおとなまでみんな
大好きなおやつ。
まん中をへこませてゆでよう

準備する道具　計量カップ／ボウル×2
なべ／あみじゃくし／スプーン

材料
白玉粉　1カップ
水　ふくろに書いてある分量
　（書いていなければ½カップ）
あんこ　好きなだけ
牛乳　好きなだけ
コンデンスミルク　好きなだけ

白玉粉はもち米を粉にしたもの。

1 こねる

1 白玉粉に水を加える。水は少し残しておく。

2 よくこねる。粉っぽさがなくなって、手にくっつかないぐらいがちょうどいい。ひびヒビなら、残しておいた水を足して混ぜる。ベタベタのときは、粉を少し足す。

3 このぐらい。

2 ゆでる

4 なべにお湯をわかす。水を入れたボウルを用意しておく。

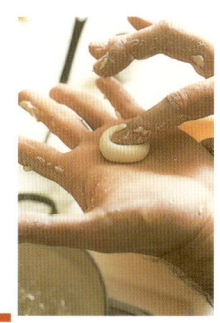

5 白玉を小さく丸めてまん中をへこませる。

6 わいたお湯の中につぎつぎ入れる。

3 冷まして、盛りつける

7 うかんできてちょっとしたら、すくって水を入れたボウルに入れる。

8 あみじゃくしですくって水気をきり、器に入れる。あんこをのせ、牛乳とコンデンスミルクを入れる。

フルーツポンチ

どんなくだものを入れてもおいしいよ

準備する道具　計量カップ／ボウル×2／なべ／あみじゃくし

材料
白玉粉　1カップ
水　ふくろに書いてある分量
　（書いていなければ1/2カップ）
サイダー　1本（500㎖）
かんづめのみかん　大1かん（正味235g）
かんづめのチェリー　小1かん（正味45g）

作り方

1. 白玉だんごを作る（69ページ作り方**1〜7**）。

2. 器にサイダーを入れて、みかんとチェリーを入れる。みかんのかんづめの汁も、ちょっと入れる。

3. 白玉は水をきって入れる。かるーく混ぜて完成。

三つのだんご

あまいのも、しょっぱいのも、おいしい

準備する道具　計量カップ／ボウル×2／なべ／あみじゃくし／竹ぐし／皿／大さじ

材料
白玉粉　1カップ
水　ふくろに書いてある分量
　　（書いていなければ1/2カップ）
しょうゆだんご
　しょうゆ　大さじ1～2
　のり　好きなだけ
きなこだんご
　きなこ　大さじ2
　砂糖　大さじ1
　塩　1つまみ
ごまだんご
　黒すりごま（白でもおいしい）　大さじ2
　砂糖　大さじ1
　塩　1つまみ

作り方

1　白玉だんごを作る（69ページ作り方1～7）。

2　白玉は水をきって竹ぐしにさす。

3　しょうゆだんごは、平べったい皿にしょうゆを入れて、くしにさした白玉につける。のりをまく。

4　きなこだんごは、平べったい皿にきなこ、砂糖、塩を入れてよく混ぜる。くしにさした白玉にまぶす。

5　ごまだんごは、平べったい皿にごま、砂糖、塩を入れて混ぜる。くしにさした白玉にまぶす。

ゼリー

固まるまでちょっと時間がかかるけど、ゼラチンの使い方さえ覚えれば、ゼリーはすごく簡単

オレンジゼリー

準備する道具　熱湯を入れてもOKなボウル／計量カップ／スプーン／ふつうのボウル／茶こし／おたま／ゼリー型

材料　粉ゼラチン　5g(小1ふくろ)／熱湯　50㎖
オレンジジュース　250㎖／かんづめのみかん　大½かん(正味120g)

1 混ぜる

1 熱湯を入れてもOKなボウルに熱湯(注意!)を入れて粉ゼラチンを入れる。

2 かき混ぜる。固まっているところがないように、よーくよーく混ぜる。

3 別のボウルにジュースとみかんを入れる。

4 ゼラチンを茶こしでこしながらジュースのボウルに入れて、よく混ぜる。

5 ゼリー用の型やコップに入れて、冷蔵庫で2時間ぐらい冷やす。

2 型から出す

6 ボウルにお湯を入れて、ゼリーの型を2秒ぐらいつける。

7 皿をかぶせてひっくり返す。はずれなければ、型と皿をしっかりおさえて上下にふる。

8 成功。型から取り出さず、そのまま食べてもいい。

りんごゼリー

準備する道具　熱湯を入れてもOKなボウル／計量カップ
スプーン／ボウル／茶こし／おたま／ゼリー型

材料
粉ゼラチン　5g（小1ふくろ）
熱湯　50㎖
りんごジュース　250㎖

作り方

1. 熱湯を入れてもOKなボウルに熱湯（注意！）を入れて、粉ゼラチンを入れる。よーくかき混ぜてとかす（72ページの**1**と**2**）。

2. 別のボウルにジュースを入れる。

3. とけたゼラチンを茶こしでこしながらジュースに入れて、よく混ぜる。

4. ゼリー用の型やコップに入れて、冷蔵庫で2時間ぐらい冷やす。

牛乳ゼリー

準備する道具　熱湯を入れてもOKなボウル
計量カップ／スプーン／ボウル
大さじ／茶こし／おたま／ゼリー型

材料
粉ゼラチン　5g（小1ふくろ）
熱湯　50㎖
牛乳　250㎖／はちみつ　大さじ1$\frac{1}{2}$〜2

作り方

1. 熱湯を入れてもOKなボウルに熱湯（注意！）を入れて、粉ゼラチンを入れる。よーくかき混ぜてとかす（72ページの**1**と**2**）。

2. 別のボウルに牛乳とはちみつを入れてよーく混ぜる。

3. とけたゼラチンを茶こしでこしながら牛乳に入れて、よく混ぜる。

4. ゼリー用の型やコップに入れて、冷蔵庫で2時間ぐらい冷やす。

ホットケーキ

ホットケーキは材料も作り方も、ホットケーキミックスの箱の裏にぜーんぶ書いてある。だからそのとおりに作ればちゃんとできる。はず。じっくりあせらず弱火で焼くのがコツ。じっくりだよ。

準備する道具　ボウル／計量カップ／スプーン／フライパン／フライ返し

材料
ホットケーキミックス／卵／水（牛乳）
サラダ油／バター／メイプルシロップ

1　箱に書いてあることをよーく読んで、ホットケーキミックスと水（牛乳）と卵をよく混ぜ合わせる。

2　フライパンを温めてサラダ油をうすくひく。1を流し入れる。火加減は弱火。

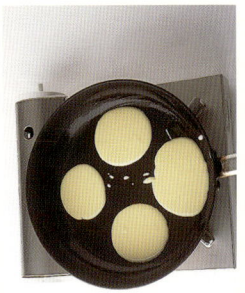

3　こんな感じ。で、じっと待つ。

4 しばらくするとプツプツあいてくる。

5 穴が全体にあいたらひっくり返す。裏もいい色になるまで焼く。

6 バターとメイプルシロップをたっぷりかけて食べる。

75

ピザ

小麦粉をこねる

　ピザだって家で作れる。小麦粉と水と油と塩を混ぜて、よーくこねて、少し休ませる。めん棒でうすーくのばしてトッピングをのせたら、あとはオーブントースターで焼くだけ。こねるのものばすのも、最初は少しこつがいるけれど、でもやることはものすごく単純で簡単。

　たとえばこねるときに、水が多すぎてベタベタになって手にくっついちゃうようなら粉を少し足せばいいし、水が少なすぎてまとまらないようなら、水を少し足せばいい。のばすときだって、きれいに丸くならなくてもいいし、厚さがどこも同じじゃなくても大丈夫。ちゃんと焼ける。めん棒とまな板に小麦粉をつけて、上から力を入れてググッとおさえてのばす。

　ただの白い粉だった小麦粉が、混ぜてこねて焼くとピザになる。やり方はちがうけど、ケーキやパイにもなる。小麦粉はすごい。

ミックスピザの作り方

ピザも家で簡単に作れる。
パリパリパリパリのピザ。
力を入れてよーくこねて、うすく広げて焼くだけ。
オーブントースターでできるよ。

準備する道具　ボウル／はかり／大さじ
計量カップ／ラップ／包丁／まな板／めん棒
アルミフォイル／スプーン／オーブントースター

材料（小4～6枚分）

ピザの生地
- 小麦粉（強力粉）　200g
- 塩　2つまみ
- 砂糖　2つまみ
- オリーブ油　大さじ1
- 水　½カップ

ピザ用ソース　1カップ

トッピング
- ピーマン　1個
- 玉ねぎ　½個
- ソーセージ　6～7本
- サラミソーセージ　15～20枚
- ピザ用チーズ　2カップ

1 こねる

1 ボウルに小麦粉、塩、砂糖、オリーブ油を入れ、水を少しずつ入れる。

2 手で混ぜる。水は全部入れないで、少し残しておく。

3 よく混ぜ、粉っぽければ残りの水を入れる。ネバネバだったら、粉を少し足す。

4 力を入れてよーくよーくこねる。

5 なめらかな感じになったらOK。ラップをして5～10分おいておく。

2 トッピングを準備する

6 ピーマンはうすい輪切りにする。

7 玉ねぎはうす切りにする。

8 ソーセージは小さく切る。

3 のばす

9 オーブントースターの大きさに合わせて、4〜6個に分ける。

10 まな板に小麦粉を少しふって、めん棒でうすくのばす。トースターに入るぎりぎりの大きさにのばす。

11 こんな感じ。アルミフォイルをトースターの大きさに合わせて切って、のばしたピザを1枚ずつ置いて、ラップをかけておく。4〜6枚作る。

4 焼く

12 ピザ用ソースをスプーンでぬる。

13 トッピングをのせる。何をどんな順番でのせてもいい。ただしチーズだけは最後。

14 チーズをのせる。

15 オーブントースターに入れて8〜10分ぐらい、必ず様子を見ながら焼く。

16 チーズがとけて少しこげ目がついたら完成。

チーズだけのピザ

ピザにフォークで穴をあける

準備する道具　ボウル／はかり／大さじ／計量カップ／ラップ／まな板／めん棒／アルミフォイル／フォーク／オーブントースター

材料（ピザ生地1枚分）
ピザ生地（作り方78～79ページ）　1枚
ピザ用チーズ　1カップ
こしょう　少々

作り方

1. ピザ生地を作る（78～79ページ）。

2. ピザをアルミフォイルにのせて、フォークでプスプス穴をあける。

3. チーズをパラパラふってこしょうをかける。

4. オーブントースターに入れて6～9分ぐらい、必ず様子を見ながら焼く。チーズがとけて少しこげ目がついたら完成。

穴をあけておくと、焼いたときポコッとふくらむのが防げる

のせるのはチーズだけ

甘いピザ
パイみたいな、おやつピザ

準備する道具　ボウル／はかり／大さじ
計量カップ／ラップ／まな板／めん棒／包丁
アルミフォイル／オーブントースター

材料（ピザ生地1枚分）
ピザ生地（作り方78〜79ページ）　1枚
かんづめのもも　好きなだけ
クリームチーズ　好きなだけ
砂糖　小さじ1

作り方
1. ピザ生地を作る（78〜79ページ）。
2. ももはうす切りにする。
3. ピザをアルミフォイルにのせて、ももを並べる。クリームチーズをちぎってのせて、砂糖をパラパラふる。
4. オーブントースターに入れて6〜9分ぐらい、必ず様子を見ながら焼く。チーズに少しこげ目がついたら完成。

ももはうすく切る

チーズは手でちぎるのがラク

つまみ

つまみはうれしい

　つまみはほんとうはお酒といっしょに食べるものだけれど、でも、お酒がなくたって、つまみはおいしい。

　ジュースとつまみだって、お茶とつまみだって、牛乳とつまみだって、水とつまみだって最高。だからおとなにも子どもにも、つまみはうれしい。

　つまみで気をつけなきゃいけないことなんて別にないけど、すこーしだけこい味つけにするといいと思う。

　どのぐらいこい味つけかというと、ひと口食べただけでちゃんと味がわかるぐらい。

　つまみはいっぺんにそんなにたくさん食べるものじゃないから、ひと口だけでちゃんと味がしたほうがおいしく感じる。ご飯はたくさん食べるから、だんだん味がわかればいいけれど、つまみはひと口が勝負なのです。

　でもだからってあんまりしょっぱいのはだめだし、塩味は食べるときに足せるから、まあ、ほどほどにね。

＊近くのおとなの人へ
84〜87ページのレシピでは、材料の分量を細かく書いていないものがあります。
それぞれどのくらいの分量を使えばいいか、ちびっこにアドバイスしてあげてください。

タラモ
じゃがいも+たらこ+マヨネーズ！

準備する道具 ピーラー／包丁／まな板 ボウル／なべ／なべのふた／竹ぐし

じゃがいもは粉ふきいもにする（作り方42ページ）。ボウルに入れて、そこにたらこをほぐして入れる。マヨネーズと牛乳も入れて、よく混ぜる。

竹ぐしがすっと通ったら、お湯を捨ててもう一度火にかけ、粉ふきいもにする

アスパラベーコン
ベーコンのおいしいあぶらがアスパラにしみしみ

準備する道具 ピーラー／アルミフォイル オーブントースター

アスパラガスは下半分だけ皮をむく。アルミフォイルにアスパラガスを並べて塩をふる。横にベーコンも並べて、全体にこしょうをふる。トースターで10〜13分ぐらい、様子を見ながら焼く。焼けたらオリーブ油をかける。

アスパラガスの下のほうの皮はかたいので、ピーラーでむいておく

ゆでぶた
ごまのかおりがこうばしい

準備する道具 なべ／ボウル
混ぜるもの／おろし器

ぶた肉はしっかりゆでてボウルに入れる。そこにおろししょうが、しょうゆ、ごま油を入れて混ぜる。皿にのせて上に貝割れ菜をのせる。ごまとこしょうをかける。

ぶたバラ肉は
重なったまま、なべに
いっぺんに入れてOK。
入れた後おはしでほぐせば、
すぐにばらばらになる

しいたけのマヨ焼き
マヨネーズでグラタンっぽく

準備する道具 包丁／まな板
アルミフォイル／オーブントースター

しいたけはじくのいちばん下のとこだけ切って捨てる。かさとじくを切りはなす。アルミフォイルに並べて、かさにマヨネーズをのせる。オーブントースターで10分ぐらい、じくもいっしょに焼く。じくは塩をつけて食べる。

かさの裏側に
マヨネーズをのせる

バターコーン
火を止めて、バターを入れる
準備する道具 フライパン／さいばし

コーンは、かんの汁を捨てる。フライパンを強火にかけて、サラダ油を入れる。コーンを入れていためる。こげ目がついてきたらしょうゆを入れて混ぜる。火を止めて、最後にバターを入れて混ぜる。器に入れてこしょうをかける。

コーンは汁けをよくきる

トマトとチーズのサラダ
にんにくがポイント
準備する道具 包丁／まな板／ボウル
おろし器／小さじ／大さじ／さいばし

ミニトマト1パック（だいたい200g）は半分に切ってボウルに入れる。そこにモッツァレッラチーズ1個（100g）をちぎって入れる。ドレッシングの材料を全部入れて、全体をよく混ぜる。

モッツァレッラチーズ。くせのない、あっさりした味。トマトといっしょにサラダにすることが多い

ドレッシング
- おろしにんにく　小さじ1/4
- ドライバジル　小さじ1/2
- レモン汁　大さじ1〜2
- オリーブ油　大さじ1
- 塩　2つまみ
- マヨネーズ　小さじ1
- こしょう　少々

手羽先焼き
皮にパリッとこげ目がつくまで焼こう
準備する道具　アルミフォイル／オーブントースター

アルミフォイルにサラダ油を少しぬって、手羽先を並べる。塩、こしょうをパラパラふって、オーブントースターで20分ぐらい焼く。こげ目がついたら完成。皿にのせてわさびをつけて食べる。

オーブントースターでうまく焼ける。とちゅうでひっくり返さなくてOK

ほうれん草のナムル
ナムルは韓国のあえ物。
手で混ぜて、味をしみこませよう
準備する道具　なべ／さいばし／ボウル／包丁／まな板／おろし器／小さじ／大さじ

ほうれん草1束は20秒ぐらいゆでて、すぐに水でジャブジャブ洗う。よくしぼって5cm長さに切る。ボウルにほうれん草とたれの材料を全部入れて、手でよく混ぜる。

たれ
- おろしにんにく　小さじ1/2
- ごま油　大さじ1/2〜1
- 塩、砂糖　各3つまみ
- ごま　大さじ1〜2

水をたっぷり入れたボウルを用意し、ほうれん草がゆだったらすぐに入れて、水を流しながらジャブジャブ洗う

バナナジュース
おやつにも朝ご飯にもおいしい

準備する道具　計量カップ／大さじ／ミキサー

材料（2人分）
バナナ　2本
ヨーグルト　½カップ
牛乳　1カップ
はちみつ　大さじ2〜3

作り方
材料を全部ミキサーに入れてよーく混ぜる。

いちごスムージー
すっぱくてあまくてショリショリ

準備する道具　計量カップ／大さじ／ミキサー

材料（2人分）
いちご　½パック
氷　1カップ／水　½カップ
砂糖　大さじ2〜3
レモン汁　大さじ1

作り方
いちごはへたを取る。材料を全部ミキサーに入れて、かたまりがなくなるまでよーく混ぜる。

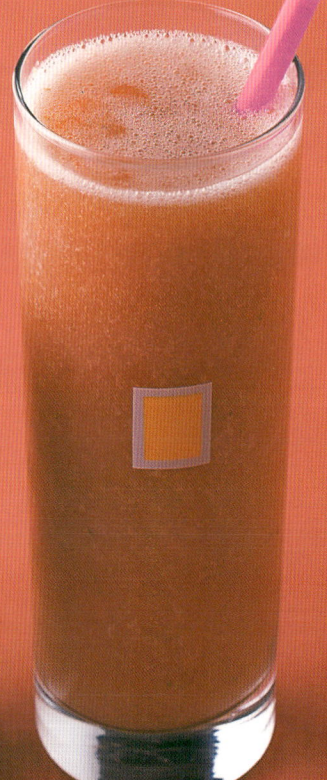

飲みもの

ミキサーがあればジュースもシェイクもスムージーも作れる。
フードプロセッサーならもっと早いよ。

チョコシェイク
アイスをたっぷり使うこと
準備する道具　計量カップ／ミキサー

材料（2人分）
チョコアイス　2カップ
牛乳　2カップ

作り方
チョコアイスと牛乳をミキサーに入れてよーく混ぜる。

ミックスジュース
かんづめのくだものを使って
準備する道具　計量カップ／ミキサー

材料（2人分）
かんづめのパイナップル　2枚
かんづめのもも　2切れ
牛乳　1カップ
オレンジジュース　1カップ
砂糖　少々

作り方
1 パイナップル、もも、牛乳、オレンジジュースをミキサーに入れてよーく混ぜる。
2 味をみてうすければ、砂糖を入れてもう1回混ぜる。

料理を始める前に

身じたくについて

　料理に適した服装なんて別にない。まさかお出かけ用のいちばんきれいな服を着て作る人はいないだろうから、好きな服を着て作ればそれでいい。

　エプロンも、してもしなくてもどっちでもいいけれど、したほうがぜったいに気分が盛り上がる。あとはちょっと手をふくときにもとても便利。

　調理台にちゃんと届かないときには、安定感のあるふみ台が欲しい。上から全体を見わたせないと、思わぬ危険があったりする。

　ちなみにぼくがちびっこのころも、ずっとふみ台を使っていました。

手を洗う

　料理の前に手を洗う、なんて、そんなことはあたりまえのことだけれど、料理のとちゅうでも手を洗う。
　たとえば生の肉や魚をさわった後は必ず手を洗う。
　同じように、生の肉や魚を切った後の包丁やまな板も、切り終わったら必ずいったん石けん（洗ざい）で洗う。

準備

　使う道具と材料は全部最初に出しておく。それから、作りはじめる前に、作り方をもう1回確認する。
　そうすれば料理のとちゅうで道具を探さなくていいし、次に何をしたらいいかもわかりやすくなる。
　めんどくさそうだけれど、でも出しておくのが結局はいちばん楽でスムーズ。
　ほんとうの最初は、調味料もぜんぶはかっておいて始めるともっと楽。
　たとえば切る作業は全部まとめてやるとか、まな板がよごれにくい順に材料を切っていくとか、料理を早く作るコツはほかにもいろいろあるけれど、でもまずは道具と材料を出して、作る前に作り方をもう1回確認したら、あとは好きなように作ればいいと思う。

包丁

　包丁は、するどくて、とがっていて、とても危険な道具だ。だから当然、気をひきしめて、じゅうぶんに注意して使わなければならない。

　あたりまえだけれどものすごく大事なことだ。

　手の大きさや力によっても、使いやすい包丁はちがってくるけれど、まずはそんなに大きくない包丁が使いやすいと思う。

　特別子ども向けの包丁である必要もないと思う。

　大切なのは、よく切れるということ。切れるからあぶないのだけれど、切れない包丁はもっとあぶない。

　切れる包丁ならスッと力なく切れるところが、切れない包丁は変に力を入れることになって、包丁がブレやすくなるし、おさえているほうの手も不安定になりやすい。

　だから包丁は切れることが何よりも大切。

ピーラー(皮むき器)

　皮むき器だけれど、皮をむく以外に何かをうすく切るときにも使う。最初は長く切れなくても、慣れてくればながーく切れるようになる。

はさみ

　キッチン用の丈夫なはさみだったらもっと最高。肉も野菜も何でも切れる。包丁は使いたくないなーというときでも、はさみがあれば大丈夫。

計量カップ、計量スプーン

計量カップは1ぱい200㎖（海外のものは250㎖のものもあるので注意）。

計量スプーンは大さじが15㎖、小さじが5㎖。つまり小さじ3ばいが大さじ1ぱい。

カップもスプーンも、どちらも料理には欠かせない。

さいばし

さいばしがなくても、ふつうのはしでも混ぜるだけならぜんぜん困らない。

ただ、いため物のときは、ふつうのはしだと短くて手が熱くなるから、さいばしのほうが便利。もちろん、へらやフライ返しを使ってもいい。

混ぜるときだって、はしじゃなくても、フォークやスプーンなど、何でも使いやすいもので混ぜればそれでいい。

ぼくは何かをはかったときはだいたいそのまま計量スプーンで混ぜる。

フライパン

料理の道具でまずぜったい必要なのがフライパン。

直径24〜26cmぐらいが使いやすいと思う。ぴったり合うふたも欲しい。ふたはフライパン専用じゃなくてもかまわない。ほかのなべのふたでも、ちゃんと合えば何でもいい。

なべ

なべは小さめのなべか中っくらいのなべと、もうひとつ、パスタをゆでる用の大きいなべがあるとうれしい。

この本ではゆでるときに使うことが多いけれど、どんななべを使うときも、お湯を入れすぎないように注意すること。ふっとうして、もしあふれると、火が消えちゃうから。

アートディレクション　白石良一
デザイン　小野明子（白石デザインオフィス）
撮影　澤井秀夫
編集　艸場よしみ
スタイリング　中安章子
料理アシスタント　下条美緒　千明路代（ケンタロウ事務所）

はじめてのキッチン
小学生からおとなまで。

発　行　2005年7月24日　第1刷
　　　　2021年5月21日　第13刷
著　者　小林ケンタロウ
発行者　濱田勝宏
発行所　学校法人文化学園 文化出版局
　　　　〒151-8524　東京都渋谷区代々木3-22-1
　　　　電話　03-3299-2565（編集）
　　　　　　　03-3299-2540（営業）
印刷・製本所　株式会社文化カラー印刷

©Kentaro Kobayashi 2005
Photographs ©Hideo Sawai 2005
Printed in Japan
本書の写真、カット及び内容の無断転載を禁じます。

本書のコピー、スキャン、デジタル化等の無断複製は
著作権法上での例外を除き、禁じられています。
本書を代行業者等の第三者に依頼して
スキャンやデジタル化することは、たとえ個人や
家庭内での利用でも著作権法違反になります。

文化出版局のホームページ http://books.bunka.ac.jp/

小林ケンタロウ

1972年、東京生れ。武蔵野美術大学時代よりイラストレーターとして活動する。その後「手軽でおいしく、しゃれっけがあって、現実的」な料理をモットーに、持ち前のセンスとアイディアで、雑誌、テレビなどで活躍し、若者代表の料理研究家として大人気。お母さんは、料理研究家の小林カツ代さん。子育て真っ最中のころから活躍していたので、ケンタロウさんは、小学校時代から台所に自然と入っていた。本書は、そんなケンタロウさんならではの入門書。

好評発売中!
「食べざかり、伸びざかりに**ドーンと元気弁当**」
「ドカンと、うまいつまみ」
「バーンと、うれしいおやつ」
「ケンタロウの韓国食堂」
「とびっきりの、どんぶり」
「野菜ばっかり」
「うれしい煮もの」
「ケンタロウのめん」
「つまみリスト」
「元気な一汁一菜」
「おもてなし」
「働きざかり、遊びざかりに**元気弁当**」
「やっぱり肉が好き」

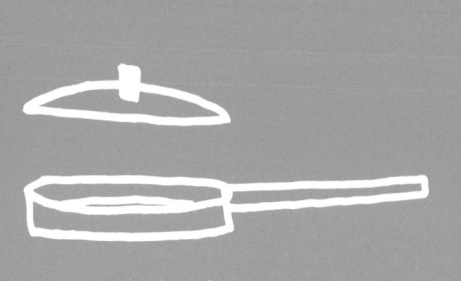

フライパンとふた	なべとふた	オーブントースター

まな板	ピーラー	はさみ	おろし器	包丁

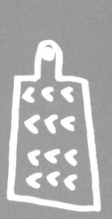